Hubertus Huber

LA CREATION

RÉVOLTE LE CRÉÉ

Copyright 2022
Auteur : Hubertus Huber
Édition : BoD – Books on Demand, info@bod.fr
Impression : BoD – Books on Demand, In de Tarpen 42, Norderstedt (Allemagne)
Impression à la demande
ISBN : 978-2-3224-5179-1
Dépôt légal : Septembre 2022

Cette œuvre est protégée par le droit d'auteur. Toute utilisation est interdite sans l'accord de l'auteur. Cela vaut en particulier pour la reproduction électronique ou autre, la traduction, la diffusion et la mise à disposition du public.

Tout pour la plus grande gloire de Dieu

Pour la jeunesse du monde

L'auteur

Hubertus Huber est né en 1938 à Fribourg-en-Brisgau. Son professeur de religion était le Dr Ernst Föhr, qui devint plus tard vicaire général de l'archevêque Schäufele à Fribourg. Le Dr Föhr expliquait à son élève : "L'Église sera toujours attaquée par Satan.

"Tant que nous parviendrons à éliminer à temps les hérétiques (les non-croyants), la Sainte Eglise ne changera pas. Si elle n'y parvient pas, elle se transformera en secte".

C'est ce que disait le Dr Föhr en 1955, dix ans avant le Concile. On n'a pas réussi à éliminer les hérétiques. Ceux qui, par leur silence, ont couvert les hérétiques et les ont ainsi soutenus, portent une grande responsabilité dans la décadence de l'Eglise.

En 1969, à la sortie de la messe dominicale, pour la première fois à "l'autel du peuple" et avec des instructions pour la communion dans la main, un homme âgé a dit : "C'est une nouvelle république".

Qu'entendez-vous par là, a voulu savoir l'auteur ? Le Seigneur répondit : "Le Christ roi a été renversé. Ses ennemis prennent la tête de l'Eglise. Ils vont ouvrir la porte au mal".

Depuis lors, l'auteur a observé la désintégration de l'Eglise et a tenté de documenter cette évolution

Table des matières

	Page
La création	1
La création du monde et la chute des anges	2
La création de l'homme - le péché originel	15
Le déluge de péché - la méchanceté de l'humanité	20
La rédemption des justes par Jésus-Christ	23
L'Église de Jésus-Christ et la rébellion	32
Fatima	41

La création

Au commencement était la Parole (le Fils de Dieu) et la Parole était avec Dieu, et Dieu était la Parole. Dès le commencement, Il était avec Dieu. Par la Parole, tout a été fait, et rien de ce qui a été fait n'a été fait sans la Parole. En Lui était la vie, et la vie était la lumière des hommes. Et la lumière brillait dans les ténèbres (du péché) ; mais les ténèbres ne l'ont pas comprise. Il y avait un homme envoyé par Dieu ; son nom était Jean. Celui-ci vint comme témoin ; il devait rendre témoignage à la lumière, afin que tous parviennent à la foi par son intermédiaire. Il n'était pas lui-même la lumière, il devait seulement rendre témoignage à la lumière. C'était la vraie lumière, celle qui éclaire tout homme venant dans ce monde. Il (Christ) était dans le monde, et le monde est devenu par lui. Seul le monde ne l'a pas connu. Il est venu chez lui, mais les siens ne l'ont pas accueilli. Mais à tous ceux qui l'ont reçu, il a donné le pouvoir de devenir enfants de Dieu, à tous ceux qui croient en son nom, qui ne sont pas nés du sang, ni du désir de la chair, ni de la volonté de l'homme, mais de Dieu. Et la parole s'est faite chair et a habité parmi nous. Et nous avons vu Sa gloire, la gloire de Celui qui est né du Père, plein de grâce et de vérité. Rendons grâce à Dieu. (Jn. 1, 1-14)

Cet évangile de Jean était lu après chaque messe, conformément à la bulle "Quo primum" du 17.7.1570 du pape Pie V. Après le Concile, cet évangile a été supprimé.

En tant qu'enfants de Dieu, nous devons accueillir Jésus et vivre dans sa grâce. Mais Jésus ne reste avec nous que si nous acceptons son enseignement et ses commandements sans les modifier. L'Agneau de Dieu ne peut pas venir là où Satan a laissé ses traces.

La création du monde - L'épreuve des anges, Vénérable Sœur Marie d'Agreda

Dieu est la cause de tous les êtres, leur créateur. Il a voulu commencer les merveilles extra-trinitaires de Sa toute-puissance, comme et quand il plaira à Sa libre volonté divine. Moïse en parle dans le premier chapitre de la Genèse. Le Seigneur m'ayant éclairé à ce sujet, je dirai ici ce qui est nécessaire pour que l'on reconnaisse les œuvres et les mystères de l'incarnation du Verbe divin et de la rédemption de l'origine.

Au premier chapitre de la Genèse, il est écrit : "Au commencement, Dieu créa le ciel et la terre. Mais la terre était déserte et vide. Les ténèbres étaient sur l'abîme, et l'esprit de Dieu planait sur les eaux. Alors Dieu dit : "Que la lumière soit !" Et la lumière fut. Et Dieu vit que la lumière était bonne, et Il sépara la lumière des ténèbres. Et Il appela la lumière jour et les ténèbres nuit.

Et il y eut un soir et un matin : ce fut le premier jour" (Gn 1, 1-5) C'est en ce premier jour - Moïse dit "au commencement" - que Dieu créa les cieux et la terre. Au cours de ce commencement, le Dieu tout-puissant, persistant dans Son immuabilité, sortit en quelque sorte de lui-même pour donner une existence propre à des créatures. Il commença en quelque sorte à jouir de Ses créatures comme d'œuvres qui étaient parfaites à leur manière. Afin que l'ordre de la création soit des plus parfaits, Il créa, avant les êtres doués de raison, le ciel pour les anges et les hommes, et la terre comme lieu de résidence pour les hommes durant leur pèlerinage. Il créa ces deux lieux si parfaits et si conformes à leurs objectifs divins que David put chanter : "Les cieux racontent la gloire de Dieu, la voûte céleste annonce l'œuvre de ses mains !" (Ps.t 18, 2). Les cieux, dans leur beauté, révèlent la grandeur et la gloire de Dieu. Ils sont la récompense que le Seigneur a préparée d'avance pour Ses saints. L'univers de la terre indique que les hommes doivent y habiter et y marcher vers leur Créateur. Avant de les créer, Il a tout préparé pour eux et a tiré du néant ce qui était nécessaire à leur vie et à leur objectif. Grâce à tout cela, ils devraient se sentir obligés d'obéir à leur Créateur et Bienfaiteur, de l'aimer et de reconnaître Son nom merveilleux ainsi que Son infinie perfection à travers Ses œuvres.

Moïse dit de la terre qu'elle était déserte et vide. Il ne dit pas cela du ciel. C'est là que Dieu a créé les anges. Moïse l'indiqua par cette parole : "Dieu dit : Que la lumière soit

! Et la lumière fut". Moïse ne parle pas seulement de la lumière matérielle, mais aussi des anges, ces luminaires spirituels. Il ne s'exprime pas clairement ici, car les Juifs étaient souvent enclins à attribuer une essence divine à des choses extraordinaires, même si elles étaient bien inférieures aux anges en termes de dignité. Cependant, le symbole de la >lumière< était très significatif de la nature des anges, notamment en ce qui concerne leur connaissance et leurs grâces, dont ils étaient déjà imprégnés lors de leur création. **En même temps, Dieu créa la terre et en son centre l'enfer**. Selon la volonté de Dieu, des fosses très profondes et très larges furent créées pour l'enfer, les limbes et le purgatoire. Dans l'enfer, un feu matériel fut créé, ainsi que tout ce qui sert maintenant à tourmenter les damnés. Le Seigneur a ensuite séparé la lumière des ténèbres et a appelé celle-ci le jour et celle-là la nuit. La séparation n'a pas seulement eu lieu entre le jour et la nuit dans la nature, mais aussi entre les bons et les mauvais anges. Aux bons, Il donna la lumière éternelle de Sa vision et l'appela jour, jour éternel. Aux mauvais, en revanche, Il donna le nom de nuit du péché et les jeta dans les ténèbres éternelles de l'enfer. Nous pouvons ainsi voir comment la générosité miséricordieuse du Créateur et Vivant et la justice du juste Juge s'unissent.

Les anges ont été créés dans le ciel empyrée (lumière), et ce, en état de grâce. Par celle-ci, ils devaient gagner la gloire comme récompense. Bien qu'ils se trouvaient dans le lieu de la grâce, ils ne voyaient pas la divinité face à face tant qu'ils ne l'avaient pas méritée par la grâce en obéissant à la volonté divine. Les bons anges, tout comme les anges apostats, ne restaient que peu de temps dans l'état d'épreuve, car la création, l'épreuve et la décision se faisaient en trois périodes très courtes. Au cours de la première période, tous les anges ont été créés et dotés de la grâce et des dons du Saint-Esprit, de sorte qu'ils étaient extrêmement beaux et parfaits. Ensuite, il y a eu une courte période durant laquelle la volonté du Créateur a été manifestée à tous. Ils reçurent la loi et la mission de reconnaître leur Créateur comme leur Seigneur suprême et d'accomplir ainsi le but de leur existence. C'est pendant ce court laps de temps qu'éclata entre Saint Michel et ses anges la grande dispute contre le dragon et son entourage, racontée par Saint Jean dans le chapitre 12 de l'Apocalypse. **Les bons anges méritaient la béatitude éternelle par leur persévérance dans la grâce, tandis que les désobéissants, par leur rébellion contre Dieu, tombaient dans le châtiment éternel.**

D'après la nature des anges et en vertu de la toute-puissance de Dieu, tout cela aurait pu se produire très rapidement dans la deuxième période. Mais je reconnus que la bonté compatissante du Très-Haut, avec une certaine hésitation, présentait aux anges le bien et le mal, le vrai et le faux, le juste et l'injuste, ainsi que la malignité du péché et l'inimitié de Dieu, la récompense et le châtiment éternels, enfin le rejet de Lucifer et de son entourage. Sa divine majesté leur a montré l'enfer et son châtiment. Ils ont tout vu, car dans leur nature sublime et purement spirituelle, ils peuvent voir clairement toutes les choses créées et finies, telles qu'elles sont en elles-mêmes, c'est-à-dire selon leur essence. Grâce à cette capacité, ils ont vu et reconnu clairement le lieu du châtiment avant la chute de la grâce. En revanche, ils ne pouvaient pas voir la récompense de la gloire de cette manière. Ils reçurent cependant une autre connaissance à son sujet et, en outre, une promesse manifeste et explicite du Seigneur lui-même. Ainsi, le Très-Haut avait justifié Sa cause et agi avec la plus grande justice. Mais toute cette bonté et cette justice ne retinrent pas Lucifer et son entourage. C'est pourquoi ils furent châtiés et jetés dans les profondeurs de l'enfer. En revanche, les bons anges furent fixés pour toujours dans la grâce et la gloire. Tout cela s'est produit au cours de la troisième période. Il est ainsi prouvé qu'en dehors de Dieu, aucun être n'est par nature incapable de pécher ; car les anges péchèrent malgré leur nature sublime, dotée d'une si haute connaissance et de tant de grâces. Ils se sont perdus. Qu'adviendra-t-il de l'infirmité humaine si la toute-puissance de Dieu ne la protège pas, et si l'homme force Dieu à l'abandonner ?

J'ai voulu savoir pour quelle raison et sous quelle impulsion Lucifer et son entourage ont désobéi et sont tombés. J'ai reconnu que les mauvais anges pouvaient commettre diverses fautes (secundum reatum), bien qu'ils ne les aient pas toutes commises en acte. Mais le péché qu'ils commettaient effectivement avec leur mauvaise volonté produisait en eux l'habitus, c'est-à-dire l'inclination à tout ce qui est mal. Même pour celui qu'ils ne pouvaient pas commettre eux-mêmes. Mais c'est à ces péchés qu'ils incitent les hommes et se réjouissent lorsqu'ils y parviennent. Lucifer tomba alors dans un amour de soi très désordonné, car il se voyait doté d'une beauté de la nature et d'une grâce supérieures à celles des autres anges. Il s'attarda trop longtemps dans cette connaissance, et le plaisir qu'il prenait à se voir l'inhiba au point qu'il offrit avec nonchalance et paresse à Dieu, l'unique cause de tous ses mérites, les remerciements qu'il devait. De nouveau, il se contempla. Sa beauté et ses grâces lui plaisaient à nouveau. Il se les attribua et les aima comme s'il s'agissait des siennes. Cette introspection désordonnée l'amena non seulement à s'élever au-dessus de lui-même avec les pouvoirs qu'il avait reçus d'une puissance supérieure, mais elle l'amena également à envier les autres et à convoiter leurs dons et leurs mérites. Ne pouvant les obtenir pour lui-même, il s'enflamma d'une colère et d'une haine mortelles contre Dieu, qui l'avait créé à partir du néant, et contre toutes Ses créatures.

De cette attitude naquirent la désobéissance, la présomption, l'injustice, la déloyauté, le blasphème et même une forme d'idolâtrie, car il désirait pour lui-même l'adoration que l'on ne doit qu'à Dieu. Il a blasphémé contre la majesté et la sainteté de Dieu. Il a perdu la foi et la fidélité coupable. Il s'est mis en tête de détruire toutes les créatures et s'est flatté de pouvoir réaliser cela et bien d'autres choses encore. Il persista dans cet état d'esprit. Son arrogance s'est accrue. Mais sa présomption était plus grande que sa force, car il ne pouvait pas grandir dans celle-ci, mais en ce qui concerne le péché, "un abîme en appelle un autre" (Ps.41, 8).

Le premier ange pécheur fut Lucifer, comme nous le raconte Isaïe au chapitre 14. Il a séduit les autres. C'est pourquoi il est appelé le prince des mauvais esprits, donc pas à cause de sa nature. Ce n'est pas à cause de celle-ci, mais seulement à cause des péchés qu'il a pu prétendre à ce titre. Les anges pécheurs ne sont pas tous issus d'un seul chœur, mais des anges sont tombés de tous, et en grand nombre.

Je vais maintenant raconter, comme je l'ai vu, quels sont les honneurs et les privilèges que Lucifer, plein d'envie et d'orgueil, recherchait. Dans les œuvres de Dieu, tout est ordonné selon la mesure, le nombre et le poids. C'est pourquoi la divine Providence décida de révéler aux anges, immédiatement après leur création - c'est-à-dire avant qu'ils ne puissent se tourner vers d'autres objectifs - le but final pour lequel ils avaient été créés et dotés d'une nature si sublime et si excellente. Dieu les illumina de la manière suivante : Tout d'abord, ils reçurent une connaissance très impressionnante de l'essence de Dieu, de Son unité dans la nature, de Sa trinité dans la personne. En même temps, ils reçurent l'ordre de vénérer et d'adorer le Dieu infini comme leur Créateur et Seigneur. Les bons anges suivirent par amour et par justice. Ils se soumirent avec la meilleure volonté du monde, acceptèrent avec foi ce qui dépassait leur capacité de compréhension et obéirent joyeusement. Lucifer, quant à lui, ne se soumettait que parce que le contraire lui semblait impossible, et donc pas non plus par amour total. Il partageait sa volonté entre lui-même et la vérité infaillible du Seigneur. C'est pourquoi il trouvait le commandement difficile et gênant, et il ne l'accomplissait pas avec un amour parfait et non par justice. C'est pourquoi il s'est retrouvé dans un état qui a provoqué sa désobéissance. La désinvolture et la retenue avec lesquelles il posa ces premiers actes ne le privèrent pas encore de la grâce, mais c'est là que commença sa mauvaise disposition. Il ressentit une certaine faiblesse dans la vertu et un affaissement dans l'esprit, et sa beauté éclatante s'amoindrit. A mon avis, l'effet de ce manque d'amour et de cette tiédeur est comparable à celui provoqué dans une âme par un péché volontaire et véniel. Je ne veux pas dire par là que Lucifer commettait déjà des péchés graves ou même véniels. Il accomplissait les commandements de Dieu de manière tiède et imparfaite. Ce fut son premier pas vers la chute.

En outre, Dieu révéla aux anges qu'il voulait créer des êtres humains, des créatures raisonnables d'un ordre inférieur. Ceux-ci devraient également aimer, craindre et honorer Dieu comme leur auteur et leur bien éternel. Il fera une grande grâce à cette nature. La deuxième personne de la très sainte Trinité elle-même deviendrait un homme et, dans une union hypostatique, réunirait la nature humaine et la nature divine en une seule personne. Ce futur Homme-Dieu, les anges doivent le reconnaître, le vénérer et l'adorer comme leur chef, non seulement en raison de sa divinité, mais aussi de son humanité. Subordonnés à Lui en dignité et en grâce, ils devraient être Ses serviteurs. En même temps, Dieu fit comprendre aux anges combien cette soumission était convenable, juste et raisonnable : car l'acceptation des mérites prévus de l'Homme-Dieu leur avait valu la grâce qu'ils possédaient déjà, ainsi que la gloire qu'ils devaient encore posséder. Comme toutes les autres créatures, elles aussi avaient pour mission de glorifier l'Homme-Dieu, parce qu'Il était le Roi de tous les êtres. Toutes les créatures raisonnables, capables de connaître et de jouir de Dieu, devaient devenir Son peuple, le reconnaître et l'adorer comme leur chef. Ensuite, le commandement correspondant fut donné aux anges.

Les saints anges obéissants se soumirent immédiatement à cet ordre avec toute la force de leur volonté, avec un zèle humble et plein d'amour. Mais Lucifer, plein de jalousie et d'orgueil, s'y opposa et poussa les anges qui partageaient ses idées à faire de même. Eux aussi désobéirent à l'ordre divin. **En échange, Lucifer leur promit qu'il serait leur chef et qu'il établirait une principauté indépendante contre le Christ.** L'envie, l'orgueil et les désirs désordonnés provoquèrent chez ces anges un tel aveuglement qu'il infecta d'innombrables personnes de la peste du péché.

C'est alors que s'éleva dans le ciel la grande bataille dont parle saint Jean. Les saints anges obéissants s'enflammèrent de zèle pour défendre l'honneur du Très-Haut et l'honneur de l'Homme-Dieu qu'ils voyaient dans une seule face. Ils demandèrent au Seigneur la permission et l'autorisation de combattre le dragon. Cela leur fut accordé. - Lorsque tous les anges reçurent l'ordre d'obéir au Verbe incarné, ils reçurent comme troisième commandement de reconnaître comme maîtresse cette femme dans le sein de laquelle l'enfant né du Père prendrait chair humaine. Cette femme serait leur reine et la maîtresse de toutes les créatures, surpassant en grâce et en gloire tous les anges et tous les hommes. Les bons anges se distinguèrent en acceptant cet ordre. Ils croyaient et louaient dans la plus grande humilité la puissance et les mystères du Très-Haut. Mais Lucifer et ses partisans s'élevèrent avec un orgueil croissant à la suite de cet ordre et de la révélation de ce secret. **Dans une rage folle, Lucifer voulait se voir attribuer la distinction de devenir la tête de tous les anges et de tout le genre humain.** Si cela n'était possible que par une union hypostatique, qu'elle se fasse sur lui.

Considérant la nature inférieure de la Mère du Verbe incarné, U.L. Femme, Lucifer s'y opposa en proférant d'horribles blasphèmes. Dans une colère indomptable, il s'insurgea contre l'auteur de si grands miracles de grâce. Il excita ses camarades et s'écria : **"Ces ordres sont injustes ! Ma majesté en est offensée ! C'est pourquoi je veux poursuivre et exterminer cette nature que tu regardes avec un si grand amour et que tu veux encore gratifier si abondammen**t. **J'emploierai pour cela toute ma force et toute ma ruse.** Je ferai tomber cette femme, la mère du Verbe, de la hauteur où tu as l'intention de l'élever. Je réduirai tes projets à néant" !

Cet orgueil gonflé et vain provoqua la colère du Seigneur. A la honte de Lucifer, Il dit : **"Cette femme que tu ne veux pas honorer t'écrasera la tête, te vaincra et te réduira à néant. Si, par ton orgueil, la mort viendra dans le monde, par son humilité viendront la vie et le salut des hommes. Ils recevront cette récompense et ces couronnes que tu as perdues avec ton entourage".**

Lucifer, avec un orgueil insensé, s'opposa à tout ce qu'il avait compris de la volonté divine et de Ses décisions. **Il menaça toute la race humaine.** Les bons anges reconnurent la juste colère du Très-Haut contre Lucifer et son entourage. Ils les combattirent avec les armes de l'intelligence, de la justice et de la vérité.

Le Très-Haut fit alors un autre miracle mystérieux. Après avoir révélé aux anges l'union hypostatique de la deuxième personne avec l'humanité par l'illumination, Il leur montra la très sainte Vierge dans une image visionnaire. Il leur fit voir la pure nature humaine dans une femme très parfaite. En celle-ci, Sa toute-puissance agirait de manière bien plus merveilleuse que dans toutes les autres créatures nues, car Il déposerait dans cette femme, à un degré incomparablement élevé, tous les dons et toutes les grâces de Sa droite. La vision de cette image de la Reine du Ciel et Mère du Verbe divin fut accordée à tous les anges, bons et mauvais. Cette vision remplit d'étonnement les bons. Ils chantèrent des louanges et se mirent aussitôt à défendre l'honneur du Dieu incarné et de sa très sainte Mère, armés d'un zèle fervent et du bouclier invincible de ce signe. Le dragon et son entourage, en revanche, s'enflammèrent d'une haine irréconciliable contre le Christ et - sa mère vierge. C'est alors que se produisit ce qui est contenu dans le chapitre 12 de l'Apocalypse.

Voilà un extrait de : Vie de la Vierge Marie, par Marie d'Agreda, tome 1, pages 106-114, Miriam Verlag, Josef Künzli, D-7893 Jestetten, ISBN 3-87449-128-5

Nous ne devons pas oublier :

1. la rébellion contre Dieu apporte le tourment éternel.
2. Lucifer veut persécuter les hommes.
3. la Vierge Marie, écrasera la tête de Lucifer.

Lucifer a eu beaucoup de succès dans ses œuvres et il en a encore aujourd'hui plus que jamais. Katharina Emmerich disait que si les démons étaient matériels, rien ne pousserait sur terre, car le soleil ne pourrait pas éclairer la terre. Ceux qui doutent de ce fait peuvent regarder sur Internet : "Anneliese Michel et les déclarations des démons". Enregistré sur des bandes sonores. En voici un extrait : :

Lucifer à propos de lui-même, d'autres démons et de l'enfer

1) "Je suis condamné parce que je n'ai pas voulu servir Dieu et que j'ai voulu être moi-même le souverain, bien que je sois une créature".

2) "J'étais dans le ciel, et plus précisément au-dessus du rang de celui qui est sur la table. (= image de l'archange Michel.) Exorciste : "Tu pourrais être chez les chérubins !" Réponse : "Oui, j'y étais aussi".

3) "Je suis le chef de là-bas ; le Michel m'a renversé. Maintenant, je ne peux plus rien contre lui. Tout l'enfer m'appartient".

4) "Je veux conquérir la terre. D'abord, je fais un riche butin. Je remplis mon royaume. Je prendrai qui je pourrai prendre, vous pouvez en être sûrs.

5) "Je suis le père du mensonge".

6) "Je ne cesse jamais de me battre. On se plaît beaucoup plus dans ce monde. Je me bats pour chaque âme autant que lui (= Jésus)".

7) "Savez-vous pourquoi je me bats ainsi ? Parce que j'ai été renversé à cause des hommes par excellence".

8) **" Savez-vous qui gouverne aujourd'hui dans le monde ? Pas celui qui s'est sacrifié sur la terre ! C'est moi ! C'est le ... (= le Nazaréen), la plupart l'ont abandonné. Quelle stupidité ! C'est un petit troupeau qui lui est resté fidèle".**

9) "Je ne tiens jamais mes promesses".

10) "Je vais finir par vous embrouiller ; je suis le Diabolus".

11) "Je dois encore témoigner. Si la ... (= la Sainte Vierge) ne me forçait pas ainsi ! Cette femme m'a écrasé la tête".

12) "Je dis la vérité si la ... me contraint".

13) "Judas, je l'ai pris. Il est toujours à mon service. Il est condamné. Car il aurait pu se sauver. Il n'a pas suivi le Nazaréen".

14) "Le Nazaréen pardonne toujours quand ... . La (Vierge Marie) lui a assez souvent dit de s'améliorer".

15) Question de l'exorciste : "Le referait-il ?" Réponse : "Non, jamais !"

16) **"Judas a beaucoup de successeurs".**

17) "Chez nous, il n'y a pas de repos pour l'éternité ; le repos est là, en haut (= au ciel)".

18) "Savez-vous comment ça brûle en bas ?"

19) "Chez nous, il n'y a pas d'obéissance ; il n'y en a que là-haut".

20) "Chez nous, il n'y a pas de retour en arrière, jamais dans l'éternité. Parmi nous, personne ne peut revenir en arrière. Il n'y a pas d'amour ; chez nous, il n'y a que de la haine. Nous n'avons jamais de repos ; nous nous battons les uns contre les autres. Nous aussi, nous voulons aller là-haut".

21) "**Les ennemis de l'Église nous appartiennent**".

22) "L'orgueil mène les hommes à la ruine".

23) "Quand le monde aura disparu, nous continuerons.

Alors, ce sera encore pire. Si vous aviez une idée de ce qui se passe en bas. Les enfants voyants de Fatima l'ont vu. Si vous aviez une idée de ce qui se passe chez nous. Vous seriez jour et nuit devant le ... (tabernacle) à genoux. **Je dois le dire parce que la Haute Dame m'y oblige**".

La création de l'homme - le péché originel

Le livre de la Moïse (Genèse) raconte la création de la terre. DIEU créa Adam et Eve à son image. **L'image de DIEU, devait se distinguer du monde animal. Adam devint le maître du monde, les éléments devaient lui** obéir, Eve fut créée pour être son assistante. Le Seigneur Dieu donna cet ordre à l'homme : "Tu peux manger de tous les arbres du jardin, mais tu ne mangeras pas de l'arbre de la connaissance du bien et du mal, car le jour où tu en mangeras, tu mourras".

Elle prit du fruit et en mangea ; elle en donna aussi à son mari, qui était avec elle, et il en mangea. Gn.3.5

En guise de punition, Dieu plaça Adam et Ève au niveau des animaux et ils durent mourir, comme ils en avaient été menacés.

Mais à la femme, il dit : "Tu auras beaucoup de peine par la grossesse ; tu enfanteras avec douleur, et pourtant tu désireras ton mari ; et il sera ton maître".

Et à l'homme (Adam) il dit : **"Parce que tu as obéi à ta femme et que tu as mangé de l'arbre dont je t'avais défendu de manger, - maudit soit le champ à cause de toi ! - tu t'en nourriras péniblement toute ta vie ; il te portera des épines et des chardons, et tu mangeras l'herbe des champs. C'est à la sueur de ton visage que tu mangeras ton pain, jusqu'à ce que tu retournes au champ d'où tu as été pris ; car tu es poussière, et c'est à la poussière que tu retourneras".** Gn.3 15-19

DIEU qualifie Adam d'"homme" et Eve de "femme" et d'assistante. C'est ce qui est écrit dans la Genèse, au sujet de la chute de l'homme. Il n'est fait état que des commandements et des punitions ; pas un mot sur les raisons de ce commandement. Dieu n'a malheureusement pas parlé sur un support audio. Nous devons croire les narrateurs, et ils sont nombreux.

Que dit le Seigneur, dans son livre, DER GOTTMRENSCH ; à Adam et Eve, tome I, page 100 :

"Vous connaissez toutes les lois et tous les secrets de la création. Mais ne me contestez pas le droit d'être le créateur de l'homme. Pour que le genre humain se reproduise, mon amour qui vit en vous suffit. Sans désir sensuel et plutôt par le battement du cœur de l'amour, il donnera vie à de nouveaux Adam du genre humain. Je vous donne tout. Seulement ce secret de la création de l'homme, je me le réserve".

Satan a voulu priver l'homme de cette virginité de l'intelligence et a caressé de ses langues de serpent les membres et les yeux d'Eve, éveillant en elle des pensées et des sensations qu'elle ne connaissait pas auparavant, **parce que la méchanceté ne l'avait pas encore empoisonnée.**

"Elle vit" et, voyant, elle voulut essayer. **La chair avait été éveillée.** Oh, si seulement elle avait invoqué Dieu ! Si elle s'était précipitée pour dire : "Père, je suis malade. Le serpent m'a flattée et je suis troublée".

Le Père l'aurait purifiée et guérie d'un seul souffle, comme il lui avait insufflé la vie. Ainsi, il aurait pu lui insuffler à nouveau la pureté et lui faire oublier le venin du serpent ; voire lui inspirer une aversion pour le serpent, semblable à la répulsion instinctive que

ressentent pour le même mal ceux qui ont été atteints d'une maladie et guéris.

Mais Eve ne va pas vers le père. Eve retourne vers le serpent. La sensation lui plaît : "Voyant que le fruit de l'arbre était bon à manger et qu'il paraissait beau et agréable à l'œil, elle le prit et en mangea".

Et "elle comprit", maintenant la méchanceté était dans ses entrailles pour appliquer sa morsure. Eve a vu avec de nouveaux yeux et entendu avec de nouvelles oreilles, les habitudes et les voix des animaux ; elle a convoité avec un désir démesuré. Elle a commencé seule par le péché. Elle l'a achevé avec son compagnon. C'est donc sur la femme que pèse la plus grande culpabilité.

C'est à cause d'elle que l'homme s'est rebellé contre Dieu et a connu la fornication et la mort. C'est à cause d'elle qu'il n'a plus su maîtriser les trois royaumes :

Celui de l'esprit, car il a laissé l'esprit se révolter contre Dieu ;

Celui de la conduite morale, parce qu'il a permis aux passions de le dominer ;

Celle de la chair, parce qu'il l'a rabaissée aux lois instinctives des animaux déraisonnables".

Adam et Eve ont dérobé au Père le secret de la création de l'homme. C'était le péché originel. Les punitions furent la mort, la perte de la domination des éléments, l'accouchement douloureux et "à la sueur de ton front, tu gagneras ton pain".

Le venin du serpent agit encore aujourd'hui dans tous les êtres humains. **Seul Dieu peut nous purifier et nous guérir, par une grâce particulière.**

Les uns profitent du poison comme d'une drogue et le cultivent dans de multiples perversions, les autres demandent au Père tout-puissant de rendre le poison inoffensif en nous.

Malgré le péché originel, les hommes ont pu conserver quelque chose de divin : **C'est le libre arbitre.** Le libre arbitre nous conduit, selon nos pensées et nos œuvres, au paradis ou en enfer. Celui qui, tout au long de sa vie, ne témoigne pas à DIEU le respect et l'amour qu'il mérite, vit avec Lucifer et n'a pas dirigé sa volonté vers son Créateur.

DIEU voulait provoquer la descendance, par son amour qui vit en nous. Par une grâce particulière, **la Mère de Dieu est née sans culpabilité héréditaire. Sans désir sensuel, mais avec le battement de cœur de l'amour de DIEU, Jésus, le fils de DIEU, est né sous le cœur de Marie. Maître des éléments, comme Adam et Eve autrefois, il a pu entrer dans le monde sans blesser sa mère.**

C'est dans un désir démesuré qu'Adam et Eve ont engendré leur fils Caïn. La naissance a lieu dans une douleur sans mesure. Adam et Eve avaient perdu la maîtrise des éléments (naissance sans douleur) ; Caïn devint le meurtrier de son frère.

Lucifer et ses démons ont eu et ont encore beaucoup de succès, aujourd'hui plus que jamais. Katharina Emmerich a dit que si les démons étaient matériels, il n'y aurait pas de croissance sur la terre, car le soleil ne pourrait pas éclairer la terre.

Les châtiments de Dieu en un coup d'œil.
1) L'accès au ciel a été fermé*.
2) Les justes devaient attendre leur rédemption dans les limbes.
3) Tu es poussière, tu retourneras à la poussière. Nous devons mourir.
4. la femme doit accoucher dans la douleur.
5) L'homme doit gagner son pain avec peine.
6) L'homme s'est éloigné de Dieu et est devenu le jouet des démons.

- Esaïe 45.8 Rosée des cieux... et l'Eglise connaît la messe de Rorate avant Noël. Cela appartient au domaine de la tradition, L'église chante : "Rosée des cieux pour les justes".

Le déluge de péché -- la méchanceté des hommes Genèse 6. 1- 29

Lorsque les hommes commencèrent à se multiplier sur la terre et que des filles leur furent nées, les fils des dieux virent combien les filles des hommes étaient belles et ils prirent d'elles des femmes comme il leur plaisait.

Le Seigneur dit alors : "Mon esprit ne restera pas éternellement dans l'homme, car il est aussi chair, c'est pourquoi sa durée de vie sera de cent vingt ans.

En ce temps-là, il y avait des géants sur la terre, et il y en eut encore plus tard, après que les fils des dieux eurent eu des relations avec les filles des hommes et leur eurent donné naissance. Ce sont les héros des temps anciens, les hommes célèbres.

Le Seigneur vit que la méchanceté des hommes augmentait sur la terre et que toutes les pensées et les actions de son cœur étaient toujours mauvaises.

Le Seigneur se repentit d'avoir fait l'homme sur la terre et son cœur en fut peiné.

Le Seigneur dit : "J'exterminerai de la surface de la terre l'homme que j'ai créé, et avec lui le bétail, les reptiles et les oiseaux du ciel, car je me repens de les avoir faits.

Seul Noa'h trouva grâce aux yeux du Seigneur.

Noa'h était un homme juste et intègre parmi ses contemporains ; il suivait sa voie avec Dieu.

Noa'h a engendré trois fils, Sem, Cham et Japhet.

Aux yeux de Dieu, la terre était corrompue, elle était pleine de violence. Dieu regarda la terre : Elle était corrompue, car tous les êtres de chair sur la terre vivaient de façon corrompue. Dieu dit à Noé :

"Fais-toi une arche en bois de cyprès ! Équipe-la de compartiments, et scelle-la avec de la poix à l'intérieur et à l'extérieur". C'est ainsi que tu construiras l'arche :

"Elle aura trois cents coudées de longueur, cinquante coudées de largeur et trente coudées de hauteur. Fais un toit à l'arche et élève-le d'une coudée exactement ! Place l'entrée de l'arche sur le côté. Aménage un étage inférieur, un deuxième étage et un troisième étage".

Je vais en effet faire venir le déluge sur la terre pour détruire tout être de chair sous le ciel, tout ce qui a en soi l'esprit de vie. Tout ce qui est sur la terre périra.

Mais c'est avec toi que je conclurai mon alliance. Entre dans l'arche, toi, tes fils, ta femme et les femmes de tes fils ! De tout ce qui vit, de tous les êtres de chair, fais-en entrer deux par deux dans ton arche, pour qu'ils vivent avec toi ; il y aura un mâle et une femelle.

Prends de tout ce qui est comestible et fais-en une provision. Cela te servira de nourriture, ainsi qu'à eux.

Noa'h fit tout exactement comme Dieu le lui avait demandé.

7.1-5 Dieu dit à Noa'h :

"Entre dans l'arche avec toute ta famille, car je t'ai trouvé juste devant moi, toi seul parmi cette génération. Prends sept mâles et sept femelles de tous les animaux purs, et deux mâles et deux femelles des animaux impurs, ainsi que sept mâles et sept femelles des oiseaux, afin qu'il y ait une descendance vivante sur toute la terre. Car encore sept jours, puis je ferai pleuvoir sur la terre quarante jours et quarante nuits, et j'exterminerai de la surface de la terre tout ce qui existe et que j'ai fait". Noé fit ce que Dieu lui avait ordonné.

Le déluge

7.17-24 Le déluge se déversa alors sur la terre pendant quarante jours. Les eaux se gonflèrent et soulevèrent l'arche, qui flotta au-dessus de la terre. Les eaux devinrent puissantes et s'élevèrent au-dessus de la terre. L'arche vogua sur les eaux. Et les eaux devinrent de plus en plus puissantes au-dessus de la terre. De sorte que toutes les hautes montagnes sous le ciel entier furent recouvertes. Les eaux s'élevaient au-dessus d'elles de quinze coudées, et les montagnes étaient recouvertes à cette hauteur. Toute la chair qui se meut sur la terre périt, les oiseaux, le bétail, le gibier, tout ce qui grouille sur la terre, et tous les hommes. Tout ce qui avait du souffle de vie dans les narines, tout ce qui vivait sur la terre ferme mourut. Il détruisit ainsi tout ce qui existait sur la terre, depuis l'homme jusqu'au bétail, jusqu'aux reptiles et aux oiseaux du ciel. Ils furent exterminés de la terre. Il ne resta que Noé et ce qui était avec lui dans l'arche. L'eau s'éleva au-dessus de la terre pendant cent cinquante jours.

La rédemption des justes par Jésus-Christ

Les âmes des justes décédés se sont rassemblées dans les caveaux des limbes et ont attendu avec dévotion la rédemption promise par le Messie. Si la science ne s'est pas trompée, 4000 ans se sont écoulés depuis la chute de l'homme jusqu'à la naissance de Jésus. Pour Adam et Eve, ainsi que pour leurs justes descendants, c'est une longue période. Mais les grands-parents de Jésus, Anne et Joachim, ont eux aussi dû persévérer dans cet endroit inconfortable. La question de la rédemption a toujours préoccupé les théologiens. Martin Luther était d'avis que tous les hommes avaient été rachetés par la mort du Seigneur sur la croix. Le Seigneur lui-même a répondu à cette question dans son livre, L'HOMME DE DIEU.
Volume XII, page 175.

Jésus dit : "Accordez-moi toute votre attention, car j'ai des choses extraordinairement importantes à vous dire.

Vous ne les comprendrez pas encore toutes ou vous ne les comprendrez pas tout à fait correctement. Mais celui qui vient après moi vous éclairera. Écoutez-moi donc.

Personne n'est plus convaincu que vous que, sans l'aide de Dieu, l'homme pèche très facilement, car sa constitution, affaiblie par le péché, est très vulnérable. **Je serais donc un Sauveur imprudent si, après vous avoir tant donné pour vous racheter, je ne vous donnais pas aussi les moyens de conserver les fruits de mon sacrifice.** Vous savez que la facilité à pécher vient du péché originel qui prive les hommes de la grâce et donc de leur force d'âme : l'union avec Dieu.

Vous avez dit : "Mais c'est toi qui as rendu la grâce (de la rédemption) aux hommes" **Non, elle a été rendue aux justes jusqu'à ma mort. Pour la restituer aux hommes futurs, il faut un moyen. Un moyen qui ne sera pas seulement un rituel, mais qui fera de tous ceux qui le recevront de véritables enfants de Dieu. Comme l'étaient Adam et Eve, dont les âmes animées par la grâce possédaient des grâces sublimes. Que Dieu avait accordées à ses créatures bien-aimées.**

Vous savez ce que l'homme a possédé et ce qu'il a perdu. **Maintenant, grâce à mon sacrifice, les portes de la grâce sont de nouveau ouvertes et le flot de la grâce peut se déverser sur tous ceux qui me le demandent par amour.** C'est pourquoi les hommes auront la qualité d'enfants de Dieu, par les mérites du premier-né parmi les hommes, celui qui vous parle, votre Sauveur et Grand

Prêtre éternel, votre maître et frère dans le Père commun. **En Jésus-Christ et par Jésus-Christ, les hommes présents et à venir pourront posséder le ciel et se réjouir en Dieu, la fin ultime de l'homme. Jusqu'à présent, même le plus juste des justes n'a pas pu atteindre ce but, bien qu'eux aussi aient été circoncis en tant qu'enfants du peuple élu.** Malgré leurs vertus reconnues par Dieu, et bien que leurs places au ciel fussent prêtes, celui-ci leur était fermé et la possession de Dieu leur était interdite, parce que sur leurs âmes, parterres bénis de toutes les vertus, se trouvait aussi l'arbre maudit du péché originel, et qu'aucune œuvre, aussi sainte soit-elle, ne pouvait le détruire ; et parce qu'on ne peut pas entrer au ciel avec les racines et le feuillage d'une plante nuisible.

Au jour de la préparation, les gémissements des patriarches, des prophètes et de tous les justes d'Israël se sont tus, dans la joie de la rédemption accomplie, et les âmes, plus blanches que la neige des montagnes grâce à leurs vertus, étaient désormais pures de la seule tache qui les séparait du ciel. Mais la vie continue dans le monde. Les générations vont et viennent. De nouveaux peuples viendront toujours au Christ. Et le Christ peut-il mourir pour chaque nouvelle génération afin de la racheter, ou pour chaque peuple qui vient à lui ? Non. Le Christ est mort une fois et ne mourra plus pour l'éternité. Ces générations, ces peuples doivent-ils donc devenir connaissants par ma parole, mais ne pas pouvoir posséder le ciel et voir Dieu, parce qu'ils sont souillés par le péché originel ? Non, ce ne serait pas juste, ni pour eux, dont l'amour pour moi serait vain, ni pour moi, qui serais alors mort pour bien trop peu.

Mais vous rappelez-vous ce que j'ai fait ce soir-là, alors que vous étiez déjà purs à l'extérieur ? Je me suis enveloppé d'un linge et je vous ai lavé les pieds, et j'ai dit à l'un d'entre vous, qui s'était ému de ce geste humiliant : "Si je ne te lave pas, tu n'auras pas de part avec moi". Vous n'avez pas compris ce que je voulais dire par là, quelle part je voulais dire, quel symbole c'était. Eh bien, je vais vous le dire.

Je ne vous ai pas seulement enseigné que l'humilité et la pureté sont nécessaires pour entrer dans le royaume des cieux et avoir part à mon royaume. Je n'ai pas seulement attiré votre attention avec bonté sur le fait que Dieu exige d'un juste, c'est-à-dire d'un esprit et d'une intelligence purs, uniquement un dernier lavage de la partie qui, par nature, est la plus facilement souillée, même chez les justes, ne serait-ce que par la poussière que la nécessaire cohabitation avec les hommes laisse sur les membres purs, sur la chair, mais je vous ai encore attiré l'attention sur autre chose. Je vous ai lavé les pieds, la partie la plus basse du corps qui passe par la boue et la poussière, peut-être aussi par la saleté, et j'ai fait allusion à la chair, la partie matérielle de l'homme qui présente toujours - sauf chez ceux qui, par l'action de Dieu ou de la nature divine, sont exempts de la tache du péché originel - des imperfections. Elles sont parfois si petites que seul Dieu les voit ; néanmoins, il faut veiller sur elles pour qu'elles ne grandissent pas et ne deviennent pas une habitude, et il faut les combattre pour les éradiquer.

Je vous ai donc lavé les pieds. Pourquoi ? Avant de rompre le pain et de le changer en ma chair et en mon sang avec le vin. **Car je suis l'Agneau de Dieu et je ne peux pas aller là où Satan a laissé ses traces.** C'est pourquoi je vous ai d'abord purifiés. Ensuite, je me suis donné. Vous aussi, par le baptême, vous laverez ceux qui viennent à moi, afin qu'ils ne reçoivent pas mon corps indignement **et que cela ne devienne pas pour eux une terrible condamnation à mort.**

Vous êtes bouleversés. Vous vous regardez les uns les autres. Vos regards demandent : "Et Judas ?" Je vous dis : **"Judas a mangé sa mort"**. Cet acte d'amour suprême n'a pas touché son cœur. La dernière tentative de son maître a rebondi sur la pierre de son cœur, et cette pierre portait à la place du millier, gravé, le terrible sceau de Satan, la marque de la bête.

Je vous ai donc lavés avant de vous admettre au repas eucharistique et de recevoir la confession de vos péchés, avant de vous infuser le Saint-Esprit et de vous confirmer ainsi comme de vrais chrétiens dans la grâce et comme mes prêtres. Et il en sera de même pour tous les autres que vous allez préparer à la vie chrétienne.

Baptisez d'eau au nom de l'Un et du Trine et en mon nom, afin que, par mes mérites inépuisables, la dette héréditaire soit effacée dans les cœurs, que les péchés soient pardonnés, que les grâces et les saintes vertus soient infusées et que l'Esprit Saint descende et fasse sa demeure dans les temples consacrés qui seront les corps des hommes vivant dans la grâce du Seigneur. L'eau était-elle nécessaire pour effacer le péché ? L'eau ne touche pas l'âme, non. Mais un signe qui n'est pas matériel, l'homme ne le voit pas, lui qui est tellement lié à la matière dans toutes ses œuvres. Même sans signe visible, j'aurais pu verser la vie.

Mais qui l'aurait alors cru ? Combien d'hommes peuvent croire de manière inébranlable, même s'ils ne voient pas ? Prenez donc de l'ancienne loi de Moïse l'eau pure avec laquelle on lave les impurs, afin de pouvoir les admettre à nouveau dans les assemblées après qu'ils se soient souillés sur un cadavre. En réalité, tout homme qui naît est souillé, puisqu'il entre en contact avec une âme morte à la grâce. Il doit donc être purifié de ce contact impur par l'eau purificatrice afin de devenir digne d'entrer dans le temple éternel.

Tenez l'eau en haute estime... Après avoir expié et racheté par trente-trois années de vie laborieuse qui ont culminé dans la Passion, après avoir donné tout mon sang pour les péchés des hommes, du corps exsangue et usé du martyr ont coulé les eaux salutaires qui lavent le péché originel. Par le sacrifice accompli, je vous ai rachetés de cette souillure. Si, au seuil de la vie, j'étais descendu de la croix par un de mes divins miracles, je vous le dis en vérité, par le sang versé, je vous aurais purifiés de vos péchés, mais non de la faute originelle. Pour eux, le sacrifice accompli jusqu'au bout était nécessaire. En vérité, les eaux salutaires dont parle Ézéchiel ont coulé de cette plaie de mon flanc. **Plongez votre âme dans cette eau, afin qu'elle en ressorte sans défaut, pour recevoir le Saint-Esprit.** En souvenir du souffle par lequel le Créateur a donné une âme à Adam, faisant ainsi de lui son image et sa ressemblance, il respirera et habitera à nouveau dans les âmes des rachetés.

Baptisez de mon baptême, mais au nom du Dieu trinitaire ; car, en vérité, je vous le dis, si le Père n'avait pas voulu et si l'Esprit n'avait pas coopéré, la parole ne se serait pas faite chair et il n'y aurait pas eu de rédemption. Il est donc juste et convenable que l'homme reçoive la vie dans le baptême par ceux qui ont uni leur volonté pour la lui donner : le Père, le Fils et le Saint-Esprit, et que le baptisé reçoive de moi le nom de Christ, pour distinguer ce rite des autres, dans le passé et dans l'avenir, qui sont des rites, mais qui n'impriment pas de marque indélébile à la partie immortelle.

Prenez le pain et le vin comme je l'ai fait, et bénissez, partagez et distribuez en mon nom ; et que les chrétiens se rassasient de moi. **Offrez le pain et le vin au Père qui est aux cieux, puis consommez-les en mémoire du sacrifice que j'ai offert pour votre salut et que j'ai**

accompli sur la croix. Vous, mes prêtres, vous ferez cela en mémoire de moi, afin que les trésors inépuisables de mon sacrifice montent vers Dieu en suppliant et descendent en faisant du bien à ceux qui les demandent avec une foi ferme.

Avec une foi ferme, dis-je, Il n'est pas nécessaire d'avoir la science pour participer à la nourriture et au sacrifice eucharistiques. Seulement la foi ! **Seulement la foi dans le fait que le pain et le vin, donnés à quelqu'un qui est autorisé par moi ou par ceux qui viendront après moi - vous, toi, Pierre, nouveau pontife de la nouvelle Église**, toi, Jacques d'Alphée, toi, Jean, toi, André, toi. Simon, toi, Bartholomée, toi, Thomas, toi, Judas Thaddée, toi, Matthieu, toi, Jacques le Zébédée-**en mon nom, sont mon vrai corps et mon vrai sang ; que celui qui les reçoit en nourriture et en boisson me reçoit avec la chair et le sang, l'âme et la divinité ; que celui qui m'offre en sacrifice offre vraiment Jésus-Christ, comme il s'est offert lui-même pour les péchés du monde.**

Un enfant ou un ignorant peut me recevoir aussi bien qu'un savant ou un adulte. Et un enfant et un ignorant auront le même bénéfice du sacrifice offert que chacun d'entre vous. **Il suffit qu'ils croient et qu'ils possèdent la grâce du Seigneur**.

Mais vous recevrez encore un nouveau baptême : Le baptême du Saint-Esprit. Je vous l'ai promis, et il vous sera donné. Le Saint-Esprit lui-même descendra sur vous. Je vous dirai quand. Et vous serez remplis de lui, dans la plénitude du don sacerdotal. Vous pourrez donc transmettre l'Esprit Saint dont vous serez remplis, comme je l'ai fait pour vous, pour affermir les chrétiens dans la grâce et leur transmettre les dons du Paraclet (Esprit Saint dans la Confirmation).

Le sacrement royal, (la confirmation) qui n'est que peu inférieur à celui de l'ordination sacerdotale, doit être administré solennellement, comme les ordinations mosaïques, par l'imposition des mains et l'onction d'huile parfumée, comme on le faisait autrefois pour la consécration des prêtres. Non, ne me regardez pas avec tant d'effroi ! Je ne dis pas de paroles sacrilèges. Je ne vous enseigne pas d'œuvres sacrilèges ! La dignité du chrétien, je le répète, est à peine inférieure à celle des prêtres.

Où vivent les prêtres ? Dans le temple. Et un chrétien sera un temple vivant. Que font les prêtres ? Ils servent Dieu par la prière, les sacrifices et le souci des fidèles. C'est du moins ce qui aurait dû se passer... Et le chrétien sert Dieu par la prière, le sacrifice et l'amour fraternel. Et vous écouterez la confession des péchés, comme j'ai écouté et pardonné vos péchés et ceux de beaucoup, quand j'ai vu un vrai repentir.

Vous êtes troublés ? Pourquoi ? Craignez-vous de ne pas pouvoir discerner ? J'ai déjà parlé plusieurs fois du péché et du jugement du péché. Mais rappelez-vous que lorsque vous jugez, vous devez faire attention aux sept conditions qui font que quelque chose est ou n'est pas un péché, et des péchés de gravité différente. Je résume : Quand et combien de fois a-t-on péché ; qui a péché ; avec qui ; quel était l'objet du péché ; quelle en était la cause ; pourquoi a-t-on péché.

N'ayez pas peur. Le Saint-Esprit vous soutiendra. **Ce que je vous demande de tout mon cœur, c'est de mener une vie sainte.** Cela augmentera la lumière surnaturelle en vous, afin que vous puissiez, sans vous tromper, lire dans le cœur des hommes et parler avec amour et autorité aux pécheurs qui craignent de découvrir leur faute. Ou refusent de la confesser et de révéler l'état de leur âme ; que vous pouvez aider les timides et humilier ceux qui ne se repentent pas. Rappelez-vous que la terre perd celui qui pardonne et que vous devez être ce que j'ai été : juste, patient et miséricordieux, mais pas faible. Je vous ai dit : **tout ce que vous lierez sur la terre sera lié dans le ciel, et tout ce que vous délierez sur la terre sera délié dans le ciel.** C'est pourquoi vous devez juger tout homme avec une réflexion appropriée, sans vous laisser influencer par l'affection ou l'aversion, par des cadeaux ou des menaces, impartiaux en tous et envers tous, comme Dieu l'est, en tenant compte aussi des faiblesses de l'homme et des poursuites de ses ennemis.

Voilà l'enseignement du Seigneur à ses apôtres et à ses disciples.

L'Éternel a dit : "Pour la rendre aux hommes futurs (la grâce de la rédemption), il faut un moyen. Un moyen qui ne sera pas seulement un rituel, mais qui fera de tous ceux qui le recevront de véritables enfants de Dieu. Le Seigneur parle du saint sacrifice de la messe.

Il a dit : "Offrez le pain et le vin au Père qui est aux cieux, puis consommez-les en mémoire du sacrifice.

L'Église de Jésus-Christ et la rébellion

Après sa résurrection, le Seigneur a fondé Son Église. Pierre a été appelé à en être le chef visible : **Tu es Pierre, et sur ce rocher je bâtirai mon Église, et les portes de l'enfer ne prévaudront pas contre elle. Je te donnerai les clés du royaume des cieux ; ce que tu lieras sur la terre sera lié dans les cieux, et ce que tu délieras sur la terre sera délié dans les cieux.** (Mt.16.18+19) Les apôtres ont été ordonnés évêques et les disciples ont été ordonnés prêtres. Leur mission est la suivante : **"Allez donc enseigner toutes les nations, les baptisant au nom du Père, du Fils et du Saint-Esprit, et leur apprenant à observer tout ce que je vous ai prescrit. Et voici, je suis avec vous tous les jours jusqu'à la fin du monde".** Mt. 28 : 19-20

Lucifer, l'ennemi de Dieu et de ses créatures, tonnait : "Je veux conquérir la terre. D'abord, je fais un riche

butin. Je remplis mon royaume. Je vais chercher qui je peux chercher, vous pouvez compter sur moi".
(Anneliese Michel)

Pourquoi Dieu donne-t-il ce pouvoir à Lucifer ? A-t-il besoin de lui pour nous mettre à l'épreuve ? C'est possible ! **Nous ne pouvons résister à Lucifer et à ses démons que si nous vivons dans la grâce de Dieu.**

"Heureux l'homme qui supporte la tentation, car après avoir été éprouvé, il recevra la couronne de vie que Dieu a promise à ceux qui l'aiment". (Jacques 1.12)

L'amour de Dieu est indispensable pour lutter avec succès contre les démons. Pour lutter contre les démons, il nous a donné le sacrifice de la messe. C'est pour le sacrifice de la messe que le Seigneur a institué les prêtres.

Par la bulle "Quo primum" du 17 juillet 1570, le pape Pie V a institué le Missel romain de manière uniforme et irrévocable pour l'Église. La bulle se termine par un avertissement :

"Mais si quelqu'un s'avise de toucher à cela, qu'il sache qu'il encourra la colère de Dieu tout-puissant et de ses saints apôtres Pierre et Paul.

Le Concile de Trente enseigne ainsi :

"Quiconque dit qu'à la messe on n'offre pas à Dieu un vrai et véritable sacrifice, ou que l'acte sacrificiel n'est rien d'autre que le Christ nous soit donné en

nourriture, qu'il soit frappé d'anathème (exclusion de l'Église)".

Le Seigneur a enseigné à ses apôtres et à ses disciples :

"Maintenant, grâce à mon sacrifice, les portes de la grâce sont de nouveau ouvertes, et le fleuve de la grâce peut se déverser sur tous ceux qui me le demandent par amour".

Afin de préserver à jamais la pureté et l'authenticité de la doctrine, des rites et de la tradition, un document de travail, le serment de couronnement des papes, a été établi en 678 pour les papes. Le serment de couronnement est libellé comme suit :

"Je jure de ne rien diminuer, de ne rien changer à la tradition, à ce que j'ai trouvé conservé par mes pieux prédécesseurs, et de n'y admettre aucune innovation ; mais plutôt, avec un ardent dévouement, en tant que leur disciple et successeur vraiment fidèle, de conserver respectueusement, de toutes mes forces et de tous mes efforts, le bien transmis ;. Purifier tout ce qui pourrait apparaître en contradiction avec l'ordre canonique ; garder les saints canons et les ordonnances de nos papes comme des ordres divins du ciel, car je suis conscient de devoir rendre le plus strict compte de tout ce que je confesse au tribunal divin, à Toi dont j'occupe la place par la grâce divine, dont je suis le vicaire avec Ton appui.

Si j'entreprends ou si je permets que l'on entreprenne quoi que ce soit dans un autre sens, Tu ne me feras pas grâce en ce jour terrible du jugement divin.

C'est pourquoi Nous soumettons à l'exclusion de l'interdit sévère quiconque oserait - que ce soit Nous-même ou un autre - entreprendre quoi que ce soit de nouveau en contradiction avec ces traditions évangéliques ainsi constituées et la pureté de la foi orthodoxe et de la religion chrétienne, ou chercherait par ses efforts adverses à changer quoi que ce soit ou à détourner de la pureté de la foi, ou à approuver ceux qui entreprennent une telle aventure blasphématoire".

Le serment de couronnement des papes a été introduit en 678 et a d'abord été prononcé par écrit pendant environ 600 ans, puis oralement jusqu'à Paul VI, lors du Concile. Il s'agit d'une promesse faite par le vicaire au chef invisible de l'Église, Jésus-Christ. Ce document devait garantir que les enseignements et les rites divins soient préservés tels quels dans son Église.

Lucifer a toujours été actif. Son plan est d'éradiquer la prêtrise et le sacrifice de la messe. Il a réussi avec l'islam. Il a pu anéantir par l'épée les bastions chrétiens en Afrique du Nord, en Espagne et en Palestine. En Russie et en Allemagne, il a réussi à diviser l'Église. Même les papes avaient perdu de vue la mission de l'Éternel.

Il s'agissait désormais d'"Ecrasez l'infâme", tel était l'appel de Voltaire contre l'Eglise. Écrasez l'infâme. Il s'agit de la prêtrise et du sacrifice de la messe. Lucifer organise avec succès une infiltration continue de l'Église catholique.

Le 24 juin 1917 (année de Fatima et de la révolution russe), les francs-maçons ont exigé sur la place Saint-Pierre : **"Satan doit régner au Vatican, le pape doit être son esclave"**.

Le 28 octobre 1958, l'objectif était atteint. Le cardinal Angelo Guiseppe Roncalli fut élu 261e pape. Il s'appelait Jean XXIII.

Gioele Magaldi, écrit dans son livre, "La scoperta delle Ur-Lodges", que Roncalli a été initié dans deux loges, à Paris. "Il (Magaldi) applaudissait par exemple le Concile Vatican II comme l'accomplissement (presque) de tous les souhaits maçonniques. Ce n'est pas étonnant, selon lui, puisqu'il a été préparé et convoqué par le franc-maçon du plus haut grade, Angelo Roncalli, alias le pape Jean XXIII, initié dans deux loges primitives différentes.

Le Concile Vatican II a été ouvert le 11 octobre 1962 et clôturé le 8 décembre 1965. Il a été convoqué par le pape Jean XXIII avec pour mission l'"instauration" pastorale et œcuménique. Instauration signifie : renouvellement, réparation, restauration.

Un renouvellement n'était pas nécessaire, car le Seigneur n'a pas donné de nouvelle mission à son Église. La mission de l'Éternel n'avait jamais changé.

Avec le vote sur la liberté religieuse, le 7.12.65, 2.400 évêques. ont condamné les enseignements de quatre papes. Le droit canon en vigueur sur l'hérésie a été mis de côté. Le serment de couronnement des papes a également été mis de côté, il a rapidement disparu de tous les manuels scolaires. La plupart des "Pères de l'Eglise" ont soutenu cette trahison, peu se sont indignés sans effet. **Aucun n'a parlé d'hérésie ou d'excommunication. Cette résistance des évêques, rappelle l'épreuve des anges.** .

Maintenant, on pouvait poser des jalons décisifs. En modifiant l'ordination épiscopale, on pouvait mettre un terme à l'augmentation du nombre de prêtres. En modifiant le sacrifice de la messe, on pouvait à nouveau fermer l'accès au ciel. Ce que Lucifer a réussi à faire avec Adam et Eve, il devait le faire ici aussi.

L'Éternel a dit : "Maintenant, grâce à mon sacrifice, les portes de la grâce sont de nouveau ouvertes, et le fleuve de la grâce peut se déverser sur tous ceux qui le demandent par amour pour moi.

Lucifer devait changer cela. Ses auxiliaires épiscopaux doivent inventer un nouveau rite, bien qu'un nouveau rite, selon la bulle Quo primun, ne soit pas autorisé. Ils inventent la "célébration mémorielle".

Dans la célébration commémorative, aucun sacrifice n'est prévu pour le père. Elle ne doit pas non plus être un sacrifice si l'on veut atteindre le but souhaité ; et c'est ainsi que le diacre déclare après la consécration : "Nous proclamons ta mort, ô Seigneur, et nous louons ta résurrection, jusqu'à ce que tu viennes dans la gloire".

Le Concile de Trente enseigne que

"Quiconque dit que dans la messe on n'offre pas à Dieu un vrai et véritable sacrifice, ou que l'acte sacrificiel n'est rien d'autre que le Christ nous est donné en nourriture, est frappé d'anathème (exclusion de l'Église)".

Dans son serment de couronnement, le pape s'engagea ainsi :

"C'est pourquoi Nous soumettons également à l'exclusion de l'anathème sévère : celui qui oserait - que ce soit Nous-même ou un autre - entreprendre quelque chose de nouveau en contradiction avec ces traditions évangéliques ainsi constituées et avec la pureté de la foi orthodoxe et de la religion chrétienne, ou qui, par ses efforts adverses, chercherait à changer quoi que ce soit ou à détourner de la pureté de la foi, ou à approuver ceux qui entreprennent une telle audace blasphématoire".

Lucifer se vanta : "Savez-vous qui gouverne le monde aujourd'hui ? Pas celui qui s'est sacrifié dans le monde ! C'est moi ! C'est le ... (= le Nazaréen), la plupart l'ont abandonné. Quelle stupidité ! C'est un petit troupeau qui lui est resté fidèle".

Oui, nous le savons et nous le voyons. Lucifer gouverne l'Eglise, la politique, la télévision et Internet, la presse, les écoles, les associations, les familles et l'éducation, bref, le monde entier.

Nous connaissons aussi le droit canon :

Canon 1364 § 1 : "L'apostat, l'hérétique ou le schismatique encourent l'excommunication comme peine de fait".

Il n'y a pas besoin d'un tribunal, d'une accusation, le coupable s'attire lui-même la peine de l'excommunication.

Canon 1374 : "Quiconque adhère à une association qui fait des manœuvres contre l'Église sera puni d'une juste peine ; mais celui qui favorise ou dirige une telle association sera puni de l'interdict".

**Can. 1331 § 1 Il est interdit à l'excommunié :
1. tout service dans la célébration du sacrifice eucharistique ou dans toute autre célébration liturgique;
2. d'administrer des sacrements ou des sacramentaux et de recevoir des sacrements.**

La trahison de l'Église est monstrueuse et indiscutable. Liberté religieuse, commémoration, serment de couronnement, franc-maçonnerie, etc. etc. Partout, Satan a laissé ses traces et tient l'Église en laisse courte.

Le Seigneur dit : l'Agneau de Dieu ne peut pas venir là où Satan a laissé ses traces.

Chaque croyant peut maintenant facilement constater où se trouvent l'Église et les prêtres, et où il se trouve lui-même.

Avec notre esprit, nous ne pouvons pas seulement pécher, nous pouvons aussi accomplir des œuvres précieuses et bonnes. **La prière.**

Nous ne sommes pas sans guide. Le Seigneur dit : "Ce que je vous demande de tout mon cœur, c'est de mener une vie sainte".

"Plongez votre âme dans cette eau, ((l'eau de la verse latérale) afin qu'ils en sortent sans défaut pour recevoir le Saint-Esprit".

"Il suffit qu'ils croient et qu'ils possèdent la grâce du Seigneur".

"Celui qui m'offre, offre vraiment Jésus-Christ",

"La dignité du chrétien, je le répète, est à peine inférieure à celle des prêtres".

Offrez donc plusieurs fois par jour le Précieux Sang pour les péchés du monde et priez :

Père céleste, je t'offre le corps et le sang, l'âme et la divinité, de notre Seigneur Jésus-Christ, en expiation de mes péchés et de ceux du monde entier.

Accepte aussi, Père, ce sacrifice, à chaque battement de mon cœur, comme une expiation perpétuelle, pour la conversion des pécheurs, le salut des mourants, la rédemption des pauvres âmes du purgatoire, et bannis Satan et tous les esprits mauvais de l'enfer.

Permets-nous d'adorer la majesté offensante et bafouée de Dieu. Permets-nous d'expier nos nombreux péchés.

Dieu infiniment saint... Père infiniment miséricordieux ! Je t'adore. Je veux expier les outrages qui Te sont infligés par les pécheurs partout sur la terre et à chaque instant du jour et de la nuit. Laisse-moi surtout me contenter des offenses et des péchés qui sont commis en cette heure. Je T'offre l'adoration et l'expiation de ces âmes qui T'aiment. Je T'offre avant tout le sacrifice perpétuel de Ton divin Fils. Qui s'offre dans le monde entier et à chaque instant sur nos autels. Père infiniment bon et doux ! Reçois le sang très pur de Jésus-Christ en expiation des offenses faites aux hommes : efface leurs péchés et fais-leur miséricorde.

Le chapelet quotidien est un outil indispensable et puissant.

Fatima

Le 13 juillet 1917, à Fatima, la Mère de Dieu a dit aux enfants voyants : "Vous avez vu l'enfer vers lequel se dirigent les pauvres pécheurs. Pour les sauver, le Seigneur veut introduire dans le monde la dévotion à mon Cœur Immaculé. Si l'on fait ce que je vous dis, beaucoup d'âmes seront sauvées et la paix viendra. La guerre touche à sa fin ; mais si l'on ne cesse d'offenser le Seigneur, il ne se passera pas beaucoup de temps avant qu'une autre, encore plus grave, ne commence ; cela se produira pendant le pontificat de Pie XI. Alors, si une nuit vous voyez une lumière inconnue, sachez que c'est le signe de DIEU que le châtiment du monde pour ses nombreux crimes est proche : guerre, famine et persécution de l'Église et du Saint-Père.

Pour éviter cela, je veux (venir et) demander que la Russie soit consacrée à mon Cœur Immaculé et que la communion expiatoire soit introduite le premier samedi du mois.

Si l'on accède à ma demande, la Russie se convertira et il y aura la paix. Sinon, elle (la Russie) répandra ses erreurs dans le monde, provoquera la guerre et les persécutions de l'Eglise ; les bons seront martyrisés, le Saint-Père aura beaucoup à souffrir ; plusieurs nations seront détruites....**A la fin, mon Cœur Immaculé triomphera, le Saint-Père me consacrera la Russie, qui se convertira, et un temps de paix sera donné au monde**".

Extrait de : "Marie parle au monde" par le professeur Dr. L. Gonzaga da Fonseca, 1963, page 45

Le 13.6.1929, 10 ans avant la deuxième guerre mondiale, Sœur Lucie écrit à Tuy : "Notre-Dame a dit : page 196 :

"Le moment est venu où, selon le désir du Seigneur, le Saint-Père, en union avec tous les évêques du monde, devrait procéder à la consécration de la Russie à mon Cœur Immaculé ; en échange, il promet de la sauver par ce moyen".

Incompréhensible, la demande du Seigneur, transmise par la Mère de Dieu, la Reine de l'Eglise, n'a pas été satisfaite par le pape Pie XI de 1922 à 1939.

Une conversion de la Russie aurait détruit une œuvre de Satan, réuni les orthodoxes avec les chrétiens et "donné au monde un temps de paix".

C'est le contraire qui s'est produit, il y a eu la deuxième guerre mondiale, le châtiment menacé par la Vierge à Fatima. Satan gouverne le monde entier. Le monde est plongé dans une paralysie satanique.

Que peut-on dire de la consécration de la Russie, par François, le 25.3.2022 ?

Qu'a dit la Vierge Marie aux enfants à Fatima ?

A la fin, mon Cœur Immaculé triomphera et le Saint-Père me consacrera la Russie. Elle a parlé de deux événements qui se produiront à la "fin".

1er événement : à la fin, mon Cœur immaculé triomphera.
2e événement : le Saint-Père me consacrera la Russie.

Selon cette déclaration de la Mère de Dieu, le triomphe du Cœur Immaculé vient d'abord et ensuite seulement vient la consécration de la Russie.

De quoi la Sainte Vierge pourrait-elle triompher au cours des 100 dernières années ? Rome a perdu la foi, l'Église catholique du Seigneur a dégénéré en une secte frappée de l'anathème divin.

Tout cela n'est pas une raison de triompher. La Mère de Dieu a souhaité la consécration de la Russie par le Saint-Père en union avec tous les évêques du monde.

Le 25 mars 2022, la secte conciliaire frappée d'anathème divin s'est réunie à Rome. Une secte n'a ni Saint-Père ni évêques.

Les catholiques sont privés de direction sacerdotale. Les quelques croyants peuvent-ils lutter avec succès contre Satan ou le Seigneur doit-il intervenir lui-même pour rétablir l'ancien ordre tridentin ?

Si nous abandonnions notre indifférence et si, dans la grâce de Dieu, nous unissions nos forces, nous pourrions compter sur l'aide de Dieu et gagner la bataille. Sans la grâce de Dieu, nous serons paralysés par Lucifer. Tout est entre nos mains. L'offrande quotidienne du Précieux Sang et le chapelet peuvent aider.